OBSERVATIONS

SUR

LE PLOMB

LAMINÉ

OBSERVATIONS

SUR

LE PLOMB

LAMINÉ.[1]

*Par M. B***

A PARIS,

De l'Imprimerie de Jacques Guerin, Quay
des Auguſtins.

M. D. CC. XXXI.

AVEC APPROBATION ET PERMISSION.

OBSERVATIONS

SUR

LE PLOMB LAMINÉ.

L est à préfumer que dans la queftion dont il s'agit, l'Academie des Sciences n'a uniquement examiné que la machine; car fi fon examen eut été général il n'y auroit eu rien à fouhaiter, & on eut été difpenfé de faire l'ouvrage que voici.

On peut même dire que quand l'Academie des Sciences auroit examiné la partie Phyfique, elle ne trouveroit pas mauvais que fingulierement dans ce cas-ci on mit au niveau de fon fuffrage, celui de Meffieurs de l'Academie d'Architecture, qui ajoûtent à la theorie la pratique dans l'em-

A ij

ploi des matieres dont on fait un bâ-
timent.

L'examen que des perſonnes cu-
rieuſes de la verité dans une queſtion
d'Art viennent donc de faire pour leur
propre ſatisfaction du Plomb Laminé, depuis que ſa vénalité en a fourni
les moyens, décide totalement contre ce Plomb; & ſi de l'examen de
l'Academie il réſulte que la Machine
eſt belle, il réſultera de celui-ci qui
eſt beaucoup plus ſérieux, ſans pour
cela juger au-deſſus de l'Academie,
que cette belle Machine fait de mauvais Plomb.

C'eſt ce qu'il eſt tems maintenant
de prouver en décrivant les tables ainſi
láminées qu'on a examinées, & les
défauts qu'on y a reconnus, de même
que chacun les y reconnoîtra quand
il voudra les conſiderer, comme on
vient de le faire, ou en faire faire de-
vant lui la démonſtration & les expe-
riences par les Ouvriers, qui faiſans
leur métier de travailler journelle-

ment le Plomb , feroient les meil-
leurs Juges d'une pareille caufe , fi ils
avoient l'Art de raifonner par princi-
pes , & de fe faire entendre par tout
le monde.

Pour embraffer dans ce jugement
toutes les matieres ainfi fabriquées, il
faut convenir que les tables qu'on a
examinées ne peuvent être differen-
tes des autres , & qu'elles ne peuvent
avoir toutes que les mêmes défauts en
confiderant qu'ils proviennent du laminage ; & que l'operation d'une Machine à qui des chevaux donnent le
mouvement ne peut être que la même.

On a donc examiné plufieurs tables
de Plomb Laminé, & on a reconnu
que ce Plomb eft double & tout feuil-
leté , mal écroui par lames , & à chaque lit defquelles il y a une craffe &
un amas de corps étrangers , plein de
trous de foufflures & de ventofitez ; &
qu'enfin il eft plus ufé dans cette pré-
paration qu'il ne peut être après un
fervice de plufieurs fiecles.

Premierement en déroulant ces tables on a senti la roideur, & par con-
séquent combien ce Plomb avoit per-
du de sa malleabilité. Qualité si pré-
cieuse à lui conserver, puisqu'elle fait
tout son merite dans l'usage qu'on en
fait.

On a aussi remarqué qu'en les déroulant on les entend crier, ce qui
n'arrive qu'au Plomb double par l'air
que les intervales des lames renfer-
ment entr'eux.

Les tables déroulées on a reconnu
que sur la tranche des deux bouts,
quand la table n'a pas été élaisée, &
n'a pas été par consequent parée par
le couteau, on y peut compter les
feuillets; ils sont séparez les uns des
autres, parce que le cylindre qui n'ap-
puye pas sur l'extrêmité des bouts des
tables n'applique pas ces feuillets les
uns sur les autres ce qu'il fait au milieu de la table, & la séparation à cet
endroit est si grande & va si avant dans
la longueur de la table qu'on peut

fourer la main entre ces feuillets.

Sur la tranche des deux côtez des deux tables, les feuillets par la raison qu'on vienr de dire, ne font pas fi féparez, mais ils n'en font pas moins vifibles, & le milieu de l'épaiffeur creufe & chaque furface avance.

A l'égard des furfaces des tables il y en a une bien plus mauvaife que l'autre, & il a fuffi d'avoir roulé & déroulé la table, qui eft le mouvement le plus fimple qu'on puiffe faire faire au plomb, pour que les furfaces, & fur-tout une d'icelles fe foient élevez en foufflures, ventofitez & bouffiffures, aux endroits même qui à une certaine diftance paroiffent n'en point avoir, on en a apperçû de plus petites en regardant de plus près, enforte qu'il y en a par tout, foit grandes, foit petites.

Des grandes bouffiffures le fommet fe fend de foi-même, ou l'eft aifément avec le moindre outil tranchant ; on a donc achevé de les ouvrir, & on a

A iiij

trouvé que ce font des lames qui quittent fans avoir jamais été joints à cel-
les fur lefquelles elles font feulement
appliquées, ce qui le prouve, c'eft
qu'on voit que la lame de deffous a
été frotée par le cylindre, & qu'il y
a dépofé une efpece de craffe & de
fubftances heterogenes qui s'amaffent
après lui.

On a levé jufqu'à la quatriéme de
ces lames à de certains endroits toûjours avec la même disjonction, & un
même lit de corps étrangers dans l'in-
terval de chaque lame.

On a reconnu en general que ces
lames ou feuillets vont aux deux tiers
de l'épaiffeur, & qu'à de certains endroits elles font dans toute l'épaiffeur.

Comme on a ouvert ces grandes
bouffiffures tant que le finus de la lame a conduit l'outil, ces ouvertures
fe font trouvées être de trois à quatre
pouces de long fur la largeur de la
table, & directement du fens que le
cylindre roule fur la matiere, comme

il eſt bon de l'obſerver pour les conſé-
quences qui en feront ci-après tirées,
& de trois à quatre lignes de large fur
la longueur de la table.

On a remarqué que ces tables font
pleines de petits trous, qui ne peuvent
ſe faire que par l'empreinte & l'intro-
duction des moindres grains de fable,
ou autres petits corps, tant foit peu
roides, qui ſe rencontrent fous le cylindre ; & voilà la cauſe de ce vice.

Puiſqu'on en eſt à expliquer les cauſes, il faut le faire fur celle du feüilletage du Plomb : & pour cela il ſuffit
de faire ſentir que le Plomb eſt le plus
ſouple & le plus mollaſſe de tous les
Métaux, à cauſe du Mercure crud &
indigeſte dont il abonde, & qui eſt ce
qui rend les Métaux fluides & fufibles,
& parce qu'il eſt rempli de ſouffre, ou
d'une terre bitumineuſe, qui le ren-
dent fort pliant, comme le définiſſent
tous nos premiers Chimiſtes (*), qui
en ont fait l'analiſe.

[*] Pharmacopée de Schrodero, au titre du Plomb. Cours
de Chimie de Monſ. l'Emery, au même titre.

De ce principe fuit conféquem-
ment le feüilletage dans le laminage:
chaque cylindre comprime beaucoup
plus chaque furface de la table, qui fe
lamine, que le milieu de fon épaiffeur,
& comme cela fe voit palpablement
fur la tranche des deux côtés de la table, dont le milieu creufe, & dont
chaque furface avance ; on dit donc
que les corps d'un Métail auffi pliant
n'ont pas affez de confiftence, pour
que ceux de chaque furface, lorfqu'ils
font comprimés, & mis en mouvement, communiquent de la force
qu'ils reçoivent à ceux qui font dans
le milieu de l'épaiffeur, & les forcent
eux-mêmes à marcher avec eux, & à
s'allonger & s'étendre enfemble, tout
d'une piece.

Il n'en eft pas de même des autres
Métaux, qui ont plus de confiftence:
les corps de ces Métaux, étant plus
roides, s'arcbouttent les uns contre les
autres, & les corps fuperieurs, étans
comprimés, ont affez de force pour

repouſſer ceux du milieu de l'épaiſſeur, & les faire ceder avec eux à la
force de la compreſſion, & par conſéquent à l'extenſion qu'on leur deman-
de.

C'eſt de la roideur de ces corps, &
de l'arcbouttant, qu'ils ont la force
d'entretenir l'un contre l'autre, que
provient le ſon : & cette cauſe ne pou-
roit être ignorée que des gens entierement incapables de réfléchir, puiſque
la preuve en eſt ſi ſenſible, en ce que
les pieces, de telles formes qu'elles
puiſſent être, d'une matiere dont les
corps n'ont qu'une foible conſiſtance,
telle que le Plomb, n'ont aucun ſon,
& que les autres en ont plus ou moins,
que leurs corps ont plus ou moins de
roideur. Il y a encore d'autres cauſes
du ſon, qui ſont rélatives l'une à l'autre, telle que celle de l'air qui ſe trouve dans les vuides & dans les pores du
Métail, dont la roideur des corps con-
ſerve la capacité dans ſon integrité
contre le coup de marteau ; mais il

n'eſt pas ici queſtion de l'analiſe des ſons.

Il convient plûtôt de dire, pour remplir l'objet qu'on s'eſt propoſé, que le moindre coup de marteau qu'on frappe ſur de pareille matiere, y fait une cavité, parce que ces corps n'ont pas la force d'y réſiſter, & de s'entretenir.

On peut rapporter ici ce que Monſieur de Reaumur (dont il ſuffit de dire le nom, pour faire l'éloge de ſes rares talens) dit, lui-même, dans un Mémoire de ſon Academie (*) ; il dit préciſément *que les grains des Métaux qui ſont foibles, ſe déplacent aiſément par le coup de marteau, & vont ſe loger dans des vuides qu'il y a , principalement dans le Plomb, que ce Métail dévient alors moins malleable, & ce qu'on appelle écroüi : & qu'enfin des lames , appliquées les unes ſur les autres, & les unes contre les autres , ſans laiſſer de vuides proportionnés à leur gran-*

____

[*] Mémoire de l'Academie des Sciences , année 1724.

deur, ne peuvent faire que des maſſes caſ-
ſantes, comme celle de l'Antimoine.

On a ſi bien réconnu, dans l'Art de Plomberie, que la malleabilité eſt néceſſaire à conſerver au Plomb, & qu'il peut la perdre par une compreſ-ſion bien moins violente que celle de deux cylindres, dont le ſuperieur peſe quinze milliers, qu'on eſt dans l'uſage de ne ſe ſervir pour travailler & con-tourner le Plomb que d'outils de bois.

Il faut donc convenir que c'eſt la compreſſion qui ſe fait de chaque ſur-face de la maſſe, ſans que le milieu de ſon épaiſſeur ſoit comprimé, qui fait que des lames s'accumulent, les unes ſur les autres, ſans autre jonction que l'application à froid, indépen-damment du corps étranger, qui ſe trouve à chaque intervalle, & cela à meſure que le cylindre paſſe & répaſ-ſe ſur la table, lors encore que le Mé-tail rebrouſſe au-devant du cylindre, par un mouvement plus fort que les ſécouſſes & les coups de collier des chevaux peuvent occafionner : & enfin, lorfque l'élafticité manque à la partie de la maffe , qui eft feulement comprimée à la fois , & parconféquent trop fatiguée par un trop grand mouvement qu'on fait faire à froid au Métail.

L'Academie des Sciences , en faifant la comparaifon de la Machine à Plomb à celle d'Hambourg , pour laminer le Cuivre, ne l'a faite feulement que pour la Méchanique ; car fi elle l'eût faite par rapport au laminage , fes lumieres , à qui rien n'échappe, n'auroient pas manqué de lui faire faire attention à la difference de ces Métaux , & parconféquent à la difference infaillible des effets de leur laminage , comme aux inconveniens , que cette même difference devoit néceffairement apporter dans le laminage du Plomb , & qui font ceux qu'on vient de reconnoître , & qu'on explique maintenant.

On a obmis de mettre au rang des

remarques celle-ci, que dans les tables examinées on a trouvé que la lame quitte & finit à certains endroits de la surface, & que le bout qui va en diminuant s'applique en revetiſſure ſur celui d'une autre lame qui reprend au même endroit où l'élaſticité a manqué au métail.

Qui ſçait mieux que l'Academie des Sciences, que les métaux n'ont qu'un certain dégré d'élaſticité, & qu'on ne peut les faire mouvoir à froid que juſqu'à un certain point. Or ſi le plomb dans le laminage eſt pouſſé au-delà de ſon élaſticité, & ſe briſe & ſe diviſe dès les cylindres, que peut-il lui en reſter pour les travaux auſquels on l'employe, & pour leſquels elle eſt ſi néceſſaire, que juſqu'à préſent on ne s'eſt principalement appliqué qu'à la lui conſerver, ainſi que ſa douceur & ſa malleabilité à froid ?

Pour ſentir l'importance de ces qualités, ne ſuffit-il pas de voir que le plomb n'eſt employé dans les bâti-

mens que pour obéir & non pour con-
traindre comme le fer, pour s'allonger, se restraindre & se contourner
docilement à froid, afin de pouvoir
couvrir dans différentes formes les
matériaux qu'il sert à garantir de l'in-
jure du temps, & qu'il doit encore se
prêter au mouvement que font ces
mêmes matériaux ?

Pour l'examen qu'on s'étoit proposé, il ne suffisoit pas de considerer seu-
lement les vices & les défauts que cause le laminage par la seule vûë des tables ; aussi on l'a poussé jusqu'aux ex-
periences de l'emploi de ce plomb.

Premierement, on l'a fait souder,
& on a remarqué la difficulté, ou plûtôt l'impossibilité qu'il y a.

En le grattant pour faire mordre la
soudure, les feüillets s'enlevent, & la
grattoire emporte plus de plomb qu'il
n'en faut.

Comme on gratte le plomb pour
ôter les corps étrangers qui, s'ils re-
stoient sur la surface des deux pieces
qu'on

qu'on veut fouder, empêcheroient la foudure de mordre, en s'interpofans entre le plomb & la foudure dont on veut ne faire qu'un corps ; quand on croit avoir gratté jufqu'à une profondeur raifonnable, un feüillet s'enleve, & on trouve la furface du feüillet de deffous couverte de cette craffe intermédiaire qu'il faut encore ôter ; enfin le plomb autant bien apprêté qu'on le puiffe faire à recevoir la foudure, on a remarqué que toute forte de foudure n'y peut mordre; comme les pores du plomb où doivent entrer les grains de la foudure font retreffis par la compreffion, il faut de la foudure plus forte d'étaim que celle ordinaire, & qui eft plus chere par le prix de l'étaim ; mais que la foudure ait bien mordu, la folidité n'y eft pas pour cela ; il fe trouve qu'à des endroits la foudure n'eft attachée que fur un feüillet foible & mince, & que le tiraillement de la foudure emportant avec elle le feüillet, la foudure fe décole.

B

Secondement, on a contourné de
ces tables, & on a vû que dans les cou-
des la table éclate, que ses bouffissu-
res & élevations s'ouvrent d'elles-mê-
mes sur l'arrete, & qu'à quelques-unes
les premiers feüillets quittent & tom-
bent en grenailles toutes frisées &
toutes chifonnées.

Enfin on en a fait un vaisseau qu'on
a tenu plein d'eau pendant quelques
jours, & on a remarqué qu'il perdoit
de l'eau, mais de deux manieres différentes; à des endroits l'eau dégoute
directement, & à d'autres elle filtre
imperceptiblement, & se met dessus
en bouteilles.

Les causes de ces deux effets, comme la raison de leur différence , sont
que l'eau dégoute par les endroits où
sont les petits trous dont nous avons
parlé, & par ceux où les orifices de
l'extrémité des lames & des soufflures
fenduës se trouvent allignées; & que
l'eau filtre & se met en bouteilles aux
endroits d'où elle ne sort qu'après a-

voir fait différens tours dans les fi-
nuofités & les intervalles des lames,
dont les orifices ne font pas vis-à-vis
l'un de l'autre : la preuve bien certaine
que l'eau fait plus de chemin dans des
parties où il y a de l'air, eft : qu'elle
entraîne avec elle affés d'air pour former les bouteilles qu'on voit.

Par l'experience qu'on a faite de
contourner le plomb en le coudant
feulement, & dans laquelle il a fuc-
combé, il eut été ridicule d'entre-
prendre de l'aboutir, & d'y formér
des figures en élevations qui ajoutent
à la fuperficie, & telles que font les
vafes & autres pieces que les gens de
l'art appellent amortiffemens. Il faut
pour cela le plomb le plus doux & le
plus malleable dans l'état de la fimple
fufion, & ce que n'eft pas certaine-
mént le plomb laminé ; il auroit auffi
fallu ne pas avoir appris de Monfieur
de Reaumur (a) que *les coups de marteau* (ou le laminage, car c'eft com-

[a] Mémoire de l'Académie des Sciences, année 1726.

preſſion en general) *ne changent pas ſeu-
lement l'arrangement des fibres du plomb,
qu'ils changent ſans doute la figure des
grains, de ronds qu'ils étoient, ils les ren-
dent plats, ils les obligent à s'allonger & à
remplir les intervalles que les autres laiſ-
ſoient entr'eux, & qu'alors les tremouſſe-
mens & les vibrations particulieres de chaque grain ne ſe font plus avec la même liberté, & que les grains ſe meuvent avec
plus de liberté lorſqu'ils ont la figure & la
place que la fuſion leur a donné.*

Comme on a appris qu'il y avoit
une ancienne défenſe faite aux Plombiers de fabriquer du plomb de cette
maniere, on s'eſt informé du fait, &
on a trouvé (b) que par l'article 36. de
leurs Statuts regiſtrés au Parlement le
premier Mars 1660. il leur eſt expreſ-
ſément défendu *d'employer du plomb paſ-
ſé par le moulin, tant à cauſe (diſent les
Statuts) qu'il ne peut ſoutenir l'ardeur du
ſoleil, qu'il ſe caſſe ſi fort, qu'il eſt impoſ-
ſible de le reſoudre, que parce qu'il ne ſçau-*

____

[b] Statuts des Maîtres Plombiers.

roit être nettoyé ni gratté, à cause que la roüille le pénetre tellement au travers, que la soudure y est entierement inutile.

On ne fait point de différence entre le plomb passé par le moulin, & le plomb laminé : le Laminoir est un moulin à plomb, comme le moulin à plomb est un Laminoir ; il seroit même impossible de se former deux idées de ces machines, qui ne fussent parfaitement semblables ; aussi elles n'ont de différenceque dans les noms ; car enfin ce ne peut être toujours qu'une machine qui, en comprimant du plomb entre des cylindres ou autres pieces semblables, en fasse des tables qu'on appellera lames si on veut, pour joüer aussi des mots.

On adopte la Loi des Statuts, c'est une des plus sages doctrines qu'on puisse suivre dans la cause qu'on traite ici.

Avant même qu'on eut connoissance de cette défense aussi précise que bien circonstanciée & motivée, ce

B iij

qui suppose nécessairement une expérience précédente, on avoit bien pensé que comme le soleil travaille sur le plomb, que son ardeur le décompose peu à peu par les parties huileuses & grasses qu'il en enleve, & *qui s'en séparent aisement par le feu ordinaire, ou par le feu du Soleil*, ainsi que Monsieur Geoffroy (c) en rapporte l'experience au nombre d'autres faites sur les métaux, dans un de ses Mémoires d'Academie; ce Plomb ainsi fabriqué, doit plûtôt perir à l'ardeur du Soleil, que celui simplement fondu, & qui est d'une seule piece.

La raison est que le Soleil travaillant la surface de ce Plomb, il n'attaque qu'une lame mince, dessous laquelle il y a de l'air & de la poussiere qui aident encore à sa décomposition, outre que cela augmente considerablement le déchet de la refonte, comme on en a fait l'expérience. Le Soleil trouve donc cette lame déja fenduë,

(c) Mémoire de l'Academie, année 1709.

ou il la fait aifement fe fendre en la faifant bouffer ; car il eft conftant que le Soleil fait bouffer le plomb, les Plombiers en ont l'experience, de même que Monfieur de Reaumur l'a auffi dit dans l'obfervation qu'il a faite & qu'il a inferée dans un de fes Mémoires, (d) qui eft que *la loi generale eft que dans la plûpart des métaux l'augmentation de volume fuit l'augmentation des dégrés de chaleur ; & qu'au contraire ils perdent de leur volume tant qu'ils perdent de leur chaleur, ou qu'au moins ils ont moins de volume lorfqu'ils fe font figés que lorfqu'ils étoient liquides, & que le plomb eft celui qui diminuë le plus en fe figeant, & par confequent en augmente plus par dégré de chaleur.* L'experience de M. de Reaumur n'a pas befoin d'être confirmée par l'ufage dans lequel les Plombiers font de connoître le titre de la foudure qui refte en culot dans la cuilliere, en examinant fi le milieu, qui eft le plus long-tems à fe figer devient

[d] Mémoires de l'Academie des Sciences, année 1726.

plus ou moins creux en se figeant, &
plus il est creux plus il y a de plomb
dans la soudure, de même que moins
il est creux & plus il y a d'Etaim ; le
Soleil après donc avoir fait fendre la
premiere lame qu'il pourroit ne pas
trouver toute ouverte, attaque la se-
conde à qui il fait faire ce même effet,
& ainsi des autres ; & c'est alors que
ce Plomb (comme disent les Statuts)
est si penetré de roüille, c'est-à-dire
de la chaux formée par le Soleil ; cé
qui est une substance folicé & talqueu-
se que M. Geoffroy dit être la baze
de ce Métail qu'il ne peut être nettoyé ni graté, & que la soudure y est
entierement inutile.

Ce grand inconvenient n'arrive pas
au Plomb fondu d'une piece qui est
d'une épaisseur raisonnable d'où dé-
pend encore la solidité d'un ouvrage;
car quand le Soleil a enlevé jusqu'à
un certain degré de profondeur les
parties grasses & huileuses, & formé
dessus la chaux, le surplus de l'épais-

feur du Plomb refte d'une feule piè-
ce, & ne peut par confequent fe frac-
tionner, ou du moins s'il arrive frac-
tion, on y peut remedier facilement
avec la foudure.

Si on ne craignoit que les Défenfeurs du Plomb fimplement fondu ne
paffaffent pour des Défenfeurs de ceux
qui le fondent, on leur confeilleroit
de répondre au reproche qu'on leur
fait fur ce que le Plomb qu'ils fondent eft inégal, que ce vice n'eft pas
de l'importance des moindres de ceux
qui fe rencontrent en abondance dans
le Plomb de leur adverfaire, & que tel
qu'il foit, comme il eft expreffément
défendu par les Statuts, & que c'eft
un des principaux objets des vifites
des Jurez qui y tiennent feverement
la main ; qu'il y a auffi peu de cha-
rité que de juftice à fuggerer au Public de préfumer fauffement une con-
travention pour décrier un Corps de
pauvres Artifans, de même qu'il y a
bien peu de bon fens à vouloir pouf-

fer les chofes jufqu'à dire qu'il leur eft même impoffible de jetter fur le fable leur Plomb égal, comme fi fans l'experience qu'on a d'en trouver tous les jours chez eux qui eft raifonnablèment égal, ou enfin qui rend un fervice dont on a été content jufqu'à prefent ; leurs Statuts qui font une Loi d'autant plus fage que l'experience précede toûjours, leur auroit défendu de commettre une faute dans laquelle il leur eut été impoffible de ne pas tomber.

Sans avoir deffein de faire l'apologie de ceux qui vendent le Plomb fondu fur le fable, il faut du moins dire une verité à leur avantage, c'eft qu'ils ont foin de ne pas vendre le Plomb qui ne fe trouve vraiment double, c'eft-à-dire de deux parties feulement & non de plus de dix dont il fe trouve être quand il eft laminé.

On s'eft informé comme on pouvoit faire du Plomb double fur le fable, & on a appris ce que les curieux ne feront pas fâchez qu'on leur apprenne, que c'eſt lorſque l'Ouvrier retient au milieu du moule ſablé le cours du plomb en fuſion avec une traverſe de bois, au milieu de laquelle il y a une queuë, pour l'empêcher de ſuivre trop promptement ſa pente & de ſe faire trop mince, ſi il reſte trop long-tems & qu'il ramene trop tard la matiere retenüe en retrogradant vers la tête du moule, pour enſuite tout repouſſer avec ſon rable au rejet qui eſt au bas du moule, il trouve le plomb déja figé dans le haut, & le plomb qu'il ramene ne ſe figeant qu'après, ne peut reprendre avec l'autre ce qui fait le plomb double.

On a auſſi appris qu'il ne ſe fond point de table que l'ouvrier n'examine ſi elle n'eſt point double, en frappant doucement à differens endroits de la table avec le manche d'un outil de bois, & qu'il connoît ceux où elle eſt double, par la ſurdité & la molleſſe du coup : c'eſt une operation d'habitude dans la fonte, de même que d'examiner si l'aigreur du Plomb ne l'auroit pas fait se casser, ou s'il n'y auroit pas de soufflures où de boüillons, & on sçait qu'il coupe dès l'instant, & sur le sable, les tables, pour en mettre à la fonte les parties qui sont défectueuses par tous ces accidens.

Il paroît par des Mémoires produits dans le Public, pour lui annoncer le Plomb laminé, qu'on dit qu'on n'en employe point d'autre en Angleterre; tout ce qu'on doit répondre à cela, quand on a examiné & consideré le Plomb proposé, est: que si celui qu'on employe en Angleterre est comme celui-là, on n'employe en Angleterre que de très-mauvais Plomb, que l'abondance qui y est peut faire qu'ils ne se mettent pas en peine de le renouveller souvent. D'ailleurs, que c'est chez les Anglois, où on dit qu'il s'en consomme le moins : qu'on n'en employe qu'en peu d'endroits, & par de petits morceaux : que les conduites y sont

de bois : & que les plus grands édifices, à commencer par celui de Saint-
Paul de Londres, font couverts d'ar-
doife, outre cela que le climat qui le
forme peut aider à le conferver, qu'un
moindre dégré de chaleur peut y con-
tribuer auffi : enfin que dans tous les
temps les édifices d'Angleterre ont
été, comme ils font encore, bien au-
deffous des nôtres : & qu'il eft ridicule
de vouloir foutenir que c'eft en Angleterre que cette machine a été inven-
tée, il y a quarante ans, lorfqu'il y a
quatre-vingt ans que la fuperiorité de
notre Nation pour les Arts a fait prof-
crire la même machine, au nom près,
par une loi auffi authentique que fo-
lemnelle ; les Apologiftes du Plomb
laminé font aparemment Anglois?

Il n'eft peut-être pas de notre ref-
fort de traiter une queftion d'interêt ;
cependant on ne peut s'empêcher de
trouver l'invention auffi ridicule dans
ce point que dans les autres, qui eft,
de propofer de vendre un Plomb qui

ne vaut abſolument rien, & incapable d'aucun ſervice eſſentiel, beaucoup plus cher que celui qui eſt bon, & dont on connoît le ſervice ; car par ces mêmes Ecrits, diſtribués pour annonce, on met à 6 ſols, & à 6 ſ. 4 d. la livre de celui qui eſt le plus épais, & où il n'y a pas par conſéquent à regagner par cette diminution de poids qu'on vante tant, l'augmentation de prix, à le prendre au pied de la machine, lorſque communément on n'achete que 6 ſols la livre, tout employé & mis en place, celui dont les gens ſenſés ne ceſſeront de ſe ſervir.

Il faut compter que trois renouvellemens, qui ne pouroient que ſe ſuivre de très-près de ce Plomb laminé, feroient par le prix plus cher de la façon, conſommer au Bourgeois ſa matiere, en ſorte qu'il ne lui en reſteroit plus rien ; le calcul le prouvera à ceux qui auront interêt de le faire.

On ne peut conclure autre choſe de l'examen qu'on a fait, & dont on croit que le Public ne fera pas fâché qu'on lui ait fait part, finon que fon interêt, comme la perfection des Arts, exigeroient une loi qui fit rentrer le Plomb paffé par le moulin, propofé aujourd'hui fous le titre de Plomb laminé, dans la fage Défenfe portée par les Statuts des Plombiers, & d'où franchement il n'auroit jamais dû fortir.

J'Ai lû par ordre de Monfeigneur le Garde des Sceaux les Observations sur le Plomb laminé*. Fait à Paris, ce* 11. Février 1731.

GALLYOT.

PERMISSION DU ROY.

LOUIS, par la grace de Dieu, Roi de France & de Navarre, à nos amez & feaux Confeillers les gens tenans nos Cours de Parlement, Maîtres des Requêtes ordinaires de notre Hôtel, Grand Confeil, Prévôt de Paris, Baillifs, Sénéchaux, leurs Lieutenans-Civils, & autres nos Jufticiers qu'il appartiendra, SALUT. Notre bien-amé le Sieur B***. Nous ayant fait fupplier de lui accorder nos Lettres de Permiffion pour l'impreffion d'un livre qui a pour titre, *Obfervations fur le Plomb Laminé*. offrant pour cet effet de le faire imprimer en bon papier & beaux caractéres fuivant la feüille imprimée & attachée fous le contre-fcel des Préfentes. Nous lui avons permis & permettons par ces Préfentes de faire imprimer ledit livre ci-deffus fpecifié conjointement ou féparément, & autant de fois que bon lui femblera, & de le faire vendre & débiter par tout notre Roïaume pendant le tems de *trois années* confécu-

tives, à compter du jour de la date desdites Présentes. Faisons défenses
à tous Imprimeurs, Libraires & autres personnes de quelque qualité &
condition qu'elles soient, d'en introduire d'impression étrangere dans
aucun lieu de notre obéissance ; à la charge que ces Présentes seront en-
registrées tout au long sur le Registre de la Communauté des Libraires &
Imprimeurs de Paris dans trois mois de la datte d'icelles ; que l'impression de ce Livre sera faite dans notre Roïaume, & non ailleurs, & que
l'Impetrant se conformera en tout aux Reglemens de la Librairie, & no-
tamment à celui du 10. Avril 1725. & qu'avant que de l'exposer en
vente le manuscrit ou imprimé qui aura servi de copie à l'impression
dudit Livre, sera remis dans le même état où l'approbation y aura été
donnée ès mains de notre très cher & Feal Chevalier Garde des Sceaux de
France le sieur Chauvelin, & qu'il en sera ensuite remis deux exemplaires
dans notre Bibliotheque publique, un dans celle de notre Château
du Louvre, & un dans celle de notredit très cher & feal Chevalier
Garde des Sceaux de France le sieur Chauvelin ; le tout à peine de nul-
lité des Présentes. Du contenu desquelles vous mandons & enjoignons de
faire joüir ledit Sieur Exposant ou ses aïant cause pleinement & paisi-
blement, sans souffrir qu'il leur soit fait aucun trouble ou empêche-
ment. Voulons qu'à la copie desdites Présentes qui sera imprimée tout au
long au commencement ou à la fin dudit Livre, foi soit ajoûtée comme à
l'original. Commandons au premier notre Huissier ou Sergent de faire
pour l'exécution d'icelles tous actes requis & nécessaires, sans deman-
der autre permission, & nonobstant clameur de Haro, Chartre Nor-
mande, & Lettres à ce contraires. Car tel est notre plaisir Donné à
Versailles le quinzieme jour du mois de Février l'an de grace mil sept cens
trente-un, & de notre Regne le seizieme. Par le Roi en son Conseil.

Signé SAINSON.

*Regiſtré ſur le Regiſtre VIII. de la Chambre Royale & Syndicale
de la Librairie & Imprimerie de Paris N°. 117. fol. 119. con-
formément au Reglement de 1723. qui fait défenſes Art. IV. à toutes
perſonnes de quelque qualité qu'elles ſoient, autres que les Libraires
& Imprimeurs, de vendre, debiter & faire afficher aucuns Livres
pour les vendre en leurs noms, ſoit qu'ils s'en diſent les auteurs ou autre-
ment ; & à la charge de fournir les Exemplaires preſcrits par l'Article
CVIII. du même Reglement. A Paris, le dix-ſept Février mil
ſept cens trente-un.*

Signé, P. A. LE MERCIER, *Syndic.*